CAHIER de VOYAGE MAGIQUE pour découvrir le monde des fées

W0312341

© 2020, Claire Duval

© 2020, Célia Melesville pour les illustrations

© 2020, éditions Contre-Dires, une marque du groupe Guy Trédaniel

Couverture et maquette : Louise Cosson

ISBN : 978-2-84933-596-3

Tous droits de reproduction, traduction ou adaptation réservés pour tous pays.

www.editions-tredaniel.com
info@guytredaniel.fr
www.facebook.com/editions.tredaniel

Claire DUVAL
Illustrations de Célia MELESVILLE

CAHIER de VOYAGE MAGIQUE pour découvrir le monde des fées

Petit manuel d'activités simples et enchantées
réalisées avec amour et respect
pour ces merveilleuses créatures

Éditions **CONTRE-DIRES**
19, rue Saint-Séverin
75005 Paris

Cheminer aux côtés des *fées*,
c'est percevoir le merveilleux derrière le quotidien,
c'est se sentir en connexion avec le monde du vivant
auquel nous appartenons, c'est prendre soin
de notre enfant intérieur et le ravir.

Merci à vous, merveilleux guides,
pour m'avoir tenu la main dans la rédaction
de ce petit cahier.

Claire

SOMMAIRE

ACCUEIL
des VOYAGEURS

Bonjour et bienvenue dans ce petit cahier de voyage magique, il sera votre guide pour découvrir le monde de la féerie !

Vous verrez que cet univers est vaste, divers et mystérieux, mais qu'il est aussi accessible, très proche de vous, et que, souvent, il a le pouvoir particulier de révéler les aspects merveilleux de votre personnalité.

Afin de favoriser votre concentration lors des exercices, je vous invite à choisir une belle image de fée que vous prendrez à vos côtés ou encore à tirer une carte d'un oracle comme *Le Petit Oracle des fées*.

D'ailleurs, peut-être reconnaîtrez-vous certaines cartes en début d'activité.

Préparez-vous à de belles rencontres et sachez que la façon de percevoir ce monde vous sera particulière, donc lâchez prise et acceptez ce qui viendra.

Prêt pour le voyage ! C'est parti !

MÉDITATION GUIDÉE pour RESSENTIR la PRÉSENCE du PETIT PEUPLE

Je vous propose une courte méditation pour aller à la rencontre de ce monde mystérieux et magique.

Vous pouvez mémoriser les différentes étapes proposées ou enregistrer les consignes sur votre téléphone pour être plus détendu.

N'oubliez pas de parler lentement et de laisser des moments de silence pour bien ressentir ce qui se passe en vous.

C'est une activité que j'aime beaucoup et que je pratique régulièrement, juste pour le plaisir de pénétrer avec douceur et simplicité dans le monde de la féerie.

Les fées sont liées au monde naturel et sont présentes dans de nombreux lieux, même les plus urbains.

Cependant, pour commencer votre voyage dans le monde de la féerie, je vous conseille de choisir une forêt, une plaine sauvage ou un coin de nature peu fréquenté. C'est là que la présence des fées est le plus perceptible.

D'autre part, être seul et avec un sentiment de sécurité vous aidera à vous concentrer.

Asseyez-vous confortablement, dans une position décontractée, en prenant soin d'éviter les tensions.

Respirez profondément trois fois.

Fermez les yeux, écoutez les battements de votre cœur, l'énergie de vie qui vous anime.

Prenez bien le temps de ressentir tout votre corps.

Maintenant, portez votre attention vers l'extérieur tout en gardant les yeux fermés et sans juger ce qui se présente.

Quelles sont les odeurs présentes ? Humus, herbe sèche, embruns… ?

Qu'entendez-vous ? Des oiseaux, le bruit du vent, des vagues, la vie humaine… ?

Qu'est-ce que votre peau perçoit ? Quelle est la température, y a-t-il du vent… ?

Maintenant, ouvrez les yeux.

Que voyez-vous ? Notez tout d'abord les couleurs, vives ou sombres, les végétaux qui vous entourent : de grands arbres, une étendue d'herbe, un champ de fleurs… Puis, peu à peu, focalisez-vous sur le petit, le minuscule. Peut-être aurez-vous envie de vous rapprocher d'un morceau de mousse, d'un tas de feuilles. Suivez votre intuition et observez tous les petits détails qui demandent de l'attention pour être vus.

Peut-être ressentez-vous de l'étonnement, de l'admiration, de la curiosité, de l'amour pour tout ce que vous percevez ? Peut-être aussi vous sentez-vous en lien avec ce lieu, non comme un observateur mais comme un habitant de la terre ?

C'est un signe que votre perception se développe et que, petit à petit, les voiles entre les mondes se dissipent.

Ensuite, ce qui va se passer est très personnel, et je vous conseille de prendre quelques notes sur votre carnet pour enregistrer la façon dont les fées se présentent à vous.

Certaines personnes ressentent une émotion particulière les envahir, d'autres perçoivent intérieurement les mouvements des fées, les endroits calmes et les autres, où règne un joyeux chaos. Il est aussi possible de percevoir, à travers les feuilles ou sous un angle particulier de lumière, des visages ou même des personnages, d'entendre des sons, d'avoir des visions.

Prenez le temps qu'il vous faut, acceptez la façon dont vous percevez les choses, ne forcez rien. Une personne qui voit des visages de fées n'est aucunement plus en lien avec les fées qu'une autre qui ressent des émotions particulières fortes en leur présence. Chacun pénètre les mondes magiques à sa façon.

Même si votre expérience n'a pas été celle que vous attendiez, sachez que cela dépend aussi du lieu, de votre état d'esprit du moment, de l'humeur de la journée, de la pluie et du beau temps ! Vous ne faites pas une expérience scientifique mais une démarche magique. Acceptez de plonger dans l'inconnu, l'incertain. Réalisez aussi que rien n'est figé et que vous pouvez tout à fait ne rien ressentir un jour et entrer en état de transe un autre. C'est cela aussi le monde des fées.

À la fin, n'oubliez pas de remercier le peuple féerique avec une petite prière, une poésie, un mot gentil et respectueux.

En voici un exemple que j'ai composé :

« Poussière de fées enveloppée,
Mon âme reçoit ce baiser,
Ici mon coeur enlevé,
Amoureux de vous, beautés. »

Mes notes

Mes notes

Coloriage *féerique* :
à vos crayons !

CONFECTION d'un AUTEL DÉDIÉ aux *fées*

« Réserve-nous un petit coin avec quelques trésors que tu trouveras dans la nature pour sentir notre présence bienveillante. »

Le Rituel Féerique, *Le Petit Oracle des fées.*

Bien sûr, les fées sont là, que vous les ressentiez ou pas, mais quel plaisir de réserver un endroit spécial où vous pourrez créer un lien particulier avec elles !

Choisissez un lieu chez vous qui pourra accueillir votre autel, par exemple un coin de table ou d'étagère, dans un panier, ou un endroit tranquille dans le jardin.

Prenez un petit sac et partez à la recherche des fameux petits trésors. Vous en trouverez dans les bois, dans les champs et même en ville !

Il s'agit, comme toujours, de respecter les lieux, de protéger le vivant et de ne pas cueillir de plantes protégées.

Adaptez aussi votre cueillette à la taille de votre autel.

Voici quelques idées de récolte :

- Un morceau de mousse.
- Quelques pommes de pin ou des fruits et graines d'arbres citadins.
- Une plume.
- Un petit bouquet de fleurs de pissenlit.
- Une fleur, une feuille ou un trèfle que vous ferez sécher entre deux livres.
- Des graines.
- Un morceau d'écorce dans laquelle vous placerez vos trésors.

Une fois rentré, prenez le temps de disposer le tout harmonieusement, tout en gardant l'esprit ouvert. Vous pouvez aussi ajouter votre image et/ou vos cartes sur les fées.

Si un air vous trotte dans la tête, n'hésitez pas à chanter, les fées vous ont probablement lancé un gentil sort. Ne soyez pas surpris, que ce soit « Une souris verte » ou un air de hard-rock, elles adorent faire des farces.

Une bougie blanche ou rose complétera joliment votre autel.

Hop, vous êtes prêt pour le rituel !

Allumez la bougie, enracinez-vous, sentez vos pieds posés sur le sol, en lien avec la terre, et répétez trois fois :

« Petites fées de la Nature,
Un cadeau, mon coeur à nu,
Mes intentions toujours pures,
Ici, soyez bienvenues ! »

Souriez, vous êtes accompagné !

Je dessine ou je colle une photo de mon autel.

Coloriage **féerique** : à vos crayons !

COMPOSER une TISANE des *fées*

C'est une activité ludique et très spirituelle à laquelle nos amies les fées vous invitent.

La préparation d'une tisane de fées demande de la concentration, du temps et de l'amour. Une tisane à base de thym préparée dans les règles et avec dévouement n'a rien à voir avec la tisane en sachet que vous pouvez boire à 21 heures en regardant la télévision.

Bien sûr, comme vous allez à la rencontre des fées qui vous entourent, il n'y a pas de recette toute faite, il s'agit d'adapter la cueillette à votre environnement.

La première chose est donc de repérer les plantes qui poussent autour de vous, que ce soit dans votre jardin, dans les parcs ou dans les prés et bois alentour. Chez moi, il est très facile de trouver de la menthe sauvage, de la verveine officinale, du plantain, des pissenlits, des primevères, des coquelicots, et j'ai dans mon jardin de nombreuses variétés que je cultive pour faire mes tisanes.

Lorsque l'on est en appartement, il est aussi possible de cultiver en pot quelques plantes comme la menthe, le persil, le thym. Les fées en seront ravies !

L'art d'utiliser les plantes a été perdu au cours du temps et peu d'entre nous savent les reconnaître, mais il est aussi possible, après avoir effectué vos recherches, d'acheter les plantes en herboristerie pour ne pas risquer de s'empoisonner ou d'avaler des traitements chimiques.

Voici les étapes pour la confection de la tisane :

– **Phase d'observation :** faites quelques recherches pour connaître les plantes qui poussent dans votre région et qui peuvent être utilisées sans risque en tisane. En France métropolitaine, certaines plantes se trouvent souvent à proximité : le thym, le romarin, la menthe, les roses. Je vous invite à faire preuve de créativité et à ajouter des plantes sauvages que vous cueillerez si vous les connaissez bien ou que vous achèterez en herboristerie. Vous pouvez faire une liste pour vos futures créations.

- **Phase de préparation :** choisissez trois plantes pour faire votre mélange. Cherchez l'harmonie des couleurs et des goûts, mais surtout, osez ! Les fées préfèrent les audacieux, les téméraires ! Parfois, le goût sera insipide ou la couleur étrange. C'est bien aussi, la tisane en sera tout aussi magique parce qu'imprégnée de vibrations sauvages et subtiles.

Si vous avez un pendule et envie de l'utiliser pour le choix des plantes, c'est possible aussi.

Prévoyez un bon miel local pour sucrer votre tisane. Personnellement, j'adore le miel de thym ou de châtaigner !

Voici quelques idées de recettes (vérifiez si les plantes conviennent à votre état de santé) :

- 3 feuilles de sauge officinale ou 1 cuillère à café de sauge sèche.
- 4 feuilles de menthe fraîche cultivée.
- 5 pétales de roses.
- 1 cuillère à café de miel mille fleurs.

Ou alors :

- 1 cuillère à café de thym frais.
- 5 feuilles de verveine officinale (verveine sauvage).
- 1 cuillère à café de fleurs de lavande.
- 1 cuillère à café de miel de thym.

– **Phase du rituel magique :** vous préparerez votre tisane dans le calme et la tranquillité.

Tout d'abord, choisissez une jolie tasse. J'adore les vieilles porcelaines dépareillées que je trouve à Emmaüs, j'affectionne aussi particulièrement ma grande tasse chinoise avec une passoire et un petit chapeau pour garder la tisane au chaud. Choisissez un récipient qui vous ravit le cœur : un mug que vous adorez avec un super-héros dessus sera toujours mieux qu'une porcelaine que vous trouvez moche.

Mettez l'eau à chauffer et, pendant ce temps, disposez vos plantes et votre tasse sur une table. Vous pouvez allumer une bougie si vous le souhaitez.

Lorsque l'eau bout, coupez le feu et attendez un peu que l'eau ne frémisse plus. Versez l'eau sur les plantes et couvrez.

Invitez les fées en citant celles qui vont participer à la tisane.

Par exemple :

« Douce fée de la sauge,
Intense fée de la menthe,
Délicate fée de la rose,
Merci pour ce moment de magie. »

Ou tout simplement :

« Merci à vous, fées de la sauge,
de la menthe et de la rose
pour votre magique présence. »

Laissez infuser 10 minutes et profitez-en pour laisser votre esprit vagabonder. Parfois, j'écris modestement quelques mots poétiques ou je dessine ce qui me vient. Si je suis dans une période de stress, j'en profite pour faire des exercices de respiration pour me détendre.

Surtout, ne courez pas mettre une machine à laver en route ou regarder si vous avez reçu un mail. Cela doit être un moment de poésie hors du quotidien.

Au bout de 10 minutes, filtrez et dégustez votre tisane préalablement sucrée au miel en ressentant ou en imaginant les trois fées à vos côtés.

À la fin, récitez à nouveau le petit texte de remerciement du début du rituel et notez votre avis sur l'expérience vécue et la recette de la tisane.

Je note les recettes que j'ai testées,
mes impressions sur les saveurs et mon ressenti
lors de la préparation et de la dégustation :

Coloriage *féerique* :
à vos crayons !

Avant de déguster, allumez une petite bougie à côté de la casserole, fermez les yeux et récitez :

« Merci mes bonnes fées, pour cette soupe enchantée. »
Et régalez-vous !

Mes notes pour la réalisation de cette recette, mes recettes personnelles de soupes à base d'herbes sauvages, les incantations que j'ai créées...

CUISINE FÉERIQUE
à la RENCONTRE de la *fée* des MÛRES

Rituel et recette autour du gâteau aux mûres

À la fin de l'été, Dame Nature, dans sa grande générosité, nous offre de nombreux cadeaux et parmi ceux-ci les délicieuses mûres sauvages.

Enfilez pantalon et hauts à manches longues, partez l'esprit joyeux et plein de gratitude à la rencontre de cette fée épineuse !

Lorsque vous aurez trouvé votre « coin à mûres », saluez les fées présentes et annoncez votre cueillette :

« Grandes dames des mûres,
Merci pour votre générosité,
Bon usage, j'en ferai,
Soyez-en sûres ! »

Ne ramassez que ce dont vous avez besoin en profitant de ce moment privilégié.

Avant de partir, remerciez les fées des mûres, en utilisant la même incantation ou une autre de votre création.

Au retour de votre cueillette, triez vos fruits, rincez-les.

Voici les composants de ma recette préférée, celle de ma grand-mère bretonne à laquelle je dédie cette page.

C'est une recette à l'ancienne, avec des quantités approximatives et sans mode d'emploi, bien dans l'esprit vagabond des fées. À vous de choisir de l'adapter ou d'en utiliser une autre.

- Une quantité certaine de mûres (oui, oui, une quantité certaine !).

- 1 verre de sucre.
- 2 verres de farine.
- 2 œufs.

- 1 pincée de sel.
- 100 g de beurre.
- 1 paquet de sucre vanillé.

Pour la cuisson, prévoir un certain temps à une température incertaine…

J'aime bien réciter un petit texte magique lors du mélange des ingrédients.

En voici un exemple, mais je vous encourage à en écrire un vous-même. Ne vous mettez pas la pression, faites quelque chose de simple, qui vous ressemble.

« J'invoque le monde féerique,
Qu'il accompagne mes gestes,
Qu'il imprègne ce sucre
De sa magie guérisseuse,
Qu'il imprègne cette farine
De sa magie guérisseuse… »

Et ainsi de suite avec tous les ingrédients.

Ici, je note mes recettes
et les incantations que j'ai créées.

ALLER À LA RENCONTRE DES FÉES AROMATIQUES

Ce sont des fées très puissantes notamment pour la guérison.

Chaque rencontre se fera en 5 temps :

- Trouver votre plante et vous installer confortablement auprès d'elle.
- Vous centrer sur votre monde intérieur en utilisant vos sens et en prenant conscience de vos émotions.
- Écouter le message de la fée.
- Remercier.
- Consommer la plante.

Les fées ont une façon de communiquer différente de celle des hommes, elles sont taquines, s'expriment par les images, les sons, les métaphores… Elles utilisent aussi votre corps et tout ce qui vous entoure.

Par exemple, si vous avez soudainement une envie pressante, cela peut être une invitation à éliminer ce qui ne vous sert plus. Si vous ressentez une épine vous piquer, vous avez peut-être une chose (relation, objet) à retirer de votre vie.

RENCONTRER
la *fée* du THYM

Madame a beaucoup de caractère, c'est une fée guerrière !

Vous avez besoin pour cette rencontre :

- D'un plant de thym sauvage, du jardin ou en pot.
- D'un endroit calme.
- D'un coussin ou d'une couverture pour vous asseoir confortablement si vous êtes par terre.

– Connectez-vous à votre monde intérieur.

Froissez une branche de thym avec les doigts, fermez les yeux et respirez son odeur.

Remarquez les émotions qui remontent sans les juger.

– Écoutez le message de la fée du thym.

Posez l'intention de recevoir un message de la fée utile pour vous ici et maintenant.

Vous pouvez aussi formuler une question précise ou demander d'être accompagné dans un processus de guérison.

Fermez les yeux et respirez à nouveau la plante froissée.

Puis invoquez la fée :

« Fée du thym, je t'ouvre mon cœur
Pour que tu y déposes tes merveilleux trésors. »

Laissez-vous porter, notez les sensations, les images, les mots qui viennent.

Rappelez-vous que très souvent les fées communiquent à travers des métaphores donc soyez attentif à tout ce qui se passe.

Notez le message reçu.

Puis remerciez.

« Merci à toi puissante fée du thym. »

Vous pouvez maintenant vous préparer une tisane de thym, tout en appelant l'esprit du thym, pour sentir que la fée continue de vous accompagner dans le temps.

RENCONTRER
la *fée* du BASILIC

J'adore cette fée !

Elle porte une forte énergie maternelle et rassurante. Je la vois comme une fée bien en chair, des petites ailes, vêtue d'une coiffe paysanne et d'un tablier blanc.

Vous allez suivre la même démarche que pour la fée du thym.

Vous avez besoin pour cette rencontre :

- D'un plant de basilic, du jardin ou en pot.
- D'un endroit calme.
- D'un coussin ou d'une couverture pour vous asseoir confortablement si vous êtes par terre.

– Connectez-vous à votre monde intérieur.

Froissez une feuille de basilic avec les doigts, fermez les yeux et respirez son odeur.

Remarquez les émotions qui remontent sans les juger.

– Écoutez le message de la fée du basilic.

Posez l'intention de recevoir un message de la fée utile pour vous ici et maintenant.

Vous pouvez aussi poser une question précise ou demander d'être accompagné dans un processus de guérison.

Fermez les yeux et respirez la plante froissée.

Puis invoquez la fée :

« Fée du basilic,
De ton aide, j'ai grand besoin
Quel message pour moi as-tu ? »

Laissez-vous porter, notez les sensations, les images, les mots qui viennent.

Très souvent les fées communiquent à travers des métaphores donc soyez attentif à tout ce qui se passe.

Notez le message reçu.

Remerciez.

« Merci à toi bonne fée du basilic. »

Vous pouvez maintenant mâchouiller une feuille de basilic, tout en appelant l'esprit du basilic, et sentir que la fée continue de vous accompagner dans le temps.

Coloriage **féerique** :
à vos crayons !

DÉPOSER un VŒU auprès du peuple *féerique*

« Laisse de côté tes pensées rationnelles et permets à ton cœur de te guider. »

La Fée de la rose, *Le Petit Oracle des fées.*

De prime abord, déposer une demande auprès des fées peut paraître farfelu.

En effet, les fées sont fantasques, libres et facétieuses, et le plus souvent, elles ne comprennent pas nos vœux. Les biens matériels, la renommée, la « normalité », tout cela n'a que peu de sens pour elles.

Et pourtant, si vous vous laissez guider par elles, vous trouverez au fond de votre cœur des trésors de désirs inassouvis et vraiment importants.

Alors peut-être, oui, peut-être, si ce vœu met en joie la délicate fée, elle vous offrira sa magie enchanteresse…

Il n'y a pas de meilleures fées pour sonder les cœurs que celles des fleurs odorantes.

C'est une rose ancienne qui m'a invitée la première fois.

Sa belle couleur pourpre sombre, ses pétales bien serrés et son parfum dense et profond m'ont envoûtée. Délicatement, un vœu s'est formé en moi, celui d'être à l'écoute de la beauté du monde…

Pour cette activité, partez à la recherche d'une fleur odorante : rose ancienne, violette, lavande, oranger du Mexique, chèvre-feuille, jasmin, gardénia, mimosa…

Préférez les plantes en terre ou en pot, les fleurs coupées ne gardent que le souvenir de la fée et sont moins puissantes.

Si vous êtes en ville, pensez aux parcs publics ou aux jardineries, le parfum des fleurs s'offre toujours généreusement.

Coupez votre portable et prenez un temps pour vous recueillir et vous centrer. Soyez détendu, laissez l'agitation extérieure glisser sur vous.

Vous pouvez réciter une incantation que vous aurez préalablement créée.

Voici la mienne :

« Que la magie des délicieuses senteurs,
Doucement découvre mon cœur,
Puisse ses désirs sans leurre,
Être exaucés ici et dans l'heure. »

Rapprochez-vous de la fleur, fermez les yeux et inspirez profondément. Laissez les fragrances vous envahir.

Visualisez la poussière de fée pénétrer dans votre nez, votre gorge, vos poumons, pour arriver jusqu'à votre cœur.

À leur rythme, les idées, les demandes vont venir à vous.

Prenez le temps de baigner dans cette poussière magique, de ressentir les sensations de votre corps et d'écouter ce qui vient sans émettre aucun jugement.

Souvent, au plus profond de soi, c'est un besoin de paix, de beauté et de félicité qui émerge.

Lorsque vous êtes prêt, ouvrez les yeux et remerciez simplement la fée.

« Merci, merci, merci. »

La fée que j'ai rencontrée

Mon incantation

Mes ressentis, mes émotions lors du contact

Le vœu qui a émergé

Ce que cela a changé en moi

Ce que cela a changé autour de moi

La fée que j'ai rencontrée

Mon incantation

Mes ressentis, mes émotions lors du contact

Le vœu qui a émergé

Ce que cela a changé en moi

Ce que cela a changé autour de moi

La fée que j'ai rencontrée

Mon incantation

Mes ressentis, mes émotions lors du contact

Le vœu qui a émergé

Ce que cela a changé en moi

Ce que cela a changé autour de moi

La fée que j'ai rencontrée

Mon incantation

Mes ressentis, mes émotions lors du contact

Le vœu qui a émergé

Ce que cela a changé en moi

Ce que cela a changé autour de moi

Coloriage *féerique* :
à vos crayons !

INVOQUER
Les ESPRITS des RACINES
pour s'ancrer

« Plonge ton esprit dans les profondeurs de la terre.
Enracine-toi ! »

Les Esprits des racines, *Le Petit Oracle des fées*.

Quel incroyable cadeau de la vie que ces êtres féeriques généreux, chaleureux et puissants que sont les Esprits des racines !

Parce que nos vies, plus que jamais, ont besoin de leur énergie d'ancrage, leur présence est une vraie bénédiction.

Idéalement, cette rencontre se fait dans un environnement sauvage, le plus loin possible de la ville et de ses bruits.

Les plus belles rencontres ont lieu au cœur de Dame Forêt, au milieu de grands et vénérables arbres, de ceux qui nous observent depuis si longtemps qu'ils connaissent tout de nous.

Souvent, cela n'est pas possible, mais la forêt veille de loin et comme tous les arbres sont liés les uns aux autres, un peuplier en ville, un pin dans un parc peuvent aussi être de précieux guides.

Lorsque vous aurez trouvé votre arbre, prenez le temps de le regarder, d'identifier sa famille et d'examiner ses racines si elles ressortent en surface.

Adossez-vous à lui, appuyez-vous discrètement contre lui ou serrez-le contre vous.

Calmez votre respiration et fermez les yeux.

Maintenant, voyagez en pensée jusqu'à l'intérieur de son tronc et descendez doucement jusqu'au bout des racines. Ressentez sa chaleur, sa bienveillance. Vous pouvez même lui poser des questions. Qui sait, s'il les trouve dignes d'intérêt, il pourrait vous répondre d'une façon ou d'une autre.

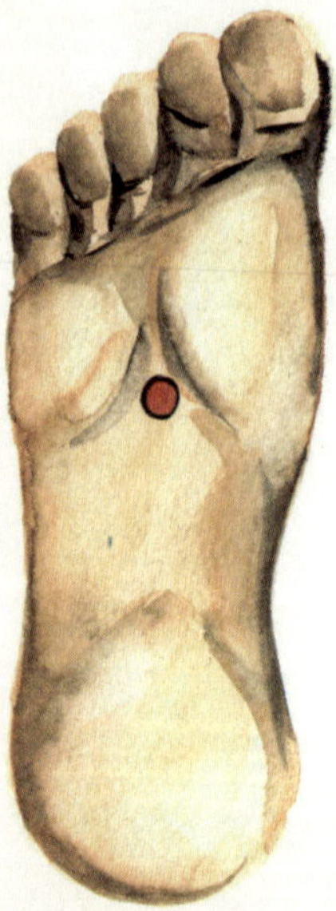

Ensuite revenez dans votre corps et centrez votre attention sur votre plante des pieds, sur le creux formé lors de la flexion des orteils.

En utilisant le pouvoir de votre pensée, vous allez faire pousser vos racines à partir de ce point.

Commencez doucement, rentrez de plus en plus profondément dans la terre puis laissez le processus s'emballer pour que vos racines occupent leur juste place, qu'elles se connectent à la Terre Mère et au vivant.

Dans cet état de conscience modifié, profitez de ce sentiment d'appartenance et de connexion au tout. Ressentez l'immense acte d'amour de la création.

Petit à petit, revenez à un état de conscience ordinaire et ouvrez les yeux. La vie est belle, non ?

Notez tout, tout, tout !

L'Esprit que vous avez rencontré, les impressions, les éventuels messages reçus et sous quelle forme (une démangeaison, un signe, un mot, un discours), la forme de vos racines, la profondeur à laquelle vous êtes allé…

Soyez aussi attentif à ce qu'il se passe dans les heures et les jours qui suivent et notez vos rêves.

N'hésitez pas à renouveler cette expérience régulièrement, plus vous la pratiquerez, plus l'expérience sera riche.

Date de la rencontre : le mercredi 7 avril 2021

Nom de l'arbre : ? L'arbre à coté de l'Eglise St Lucie à Corrèze.

Notes : Au debut mes racines sont toutes fines et en superficies, puis elles s'enfoncent, elles plongent puis forment un reseau ... le temps passe et je constate que je suis dans ma tête je me dis Laure retourne aux racines. Maintenant elles sont epaisses tortillonneuses moins profondes que les toutes fines du debut je suis impressionnée par leur grosseur.

Ai-je reçu un message et, si oui, lequel ? Non.

Ce que j'ai ressenti dans mon (coeur) corps, mon coeur qui bat dans un rythme nouveau avec une sensation de mouvement de l'arrière vers l'avant. Un pic au niveau de mon genou gauche à l'interieur. J'ai eu le pouce de la main gauche qui a tressaillit. J'ai senti mon ♡ battre au bout de mon nez, dans un nouveau rythme. J'ai senti le vent, entendu les oiseaux, les mouches.

Date de la rencontre : ____________________

Nom de l'arbre : ____________________

Notes : ____________________

____

____

____

____

____

____

Ai-je reçu un message et, si oui, lequel ? ________

____

____

____

____

____

____

Date de la rencontre : ______________________

Nom de l'arbre : ______________________

Notes : ______________________

____

____

____

____

____

____

Ai-je reçu un message et, si oui, lequel ? ______

____

____

____

____

____

____

Je dessine et je colorie l'arbre qui me représente.
Je n'hésite pas à tracer un système
racinaire profond et fourni.

Coloriage **féerique** :
à vos crayons !

INVOQUER la *fée* du PISSENLIT pour assainir sa colère

L'autre nom du pissenlit est « dent-de-lion » parce que ses feuilles ressemblent aux dents d'un lion. La sagesse populaire ne s'est pas trompée, car la fée du pissenlit est une fée qui est très forte pour assainir le rugissement de la colère.

C'est d'ailleurs tout naturellement qu'en phytothérapie le pissenlit est reconnu pour ses propriétés thérapeutiques de stimulation et d'apaisement du foie, organe où siègent ces puissantes émotions.

Pour cette activité, vous choisirez des parties différentes de la plante en fonction des saisons :

- Au printemps ou au début de l'automne, lorsque de belles feuilles vert tendre pointent le bout de leur nez, vous pourrez les récolter dans des pelouses non traitées.
- En toutes saisons, vous trouverez des racines ou des feuilles sèches pour infusion ou décoction en magasin spécialisé.

Pour le rituel, vous aurez besoin :

- de pissenlits sous la forme que vous aurez choisie ;
- d'une bougie rouge ;
- d'une feuille et d'un crayon ;
- d'un briquet ;
- d'un récipient résistant au feu.

Dans un premier temps, préparez tous vos ingrédients et faites appel à la fée.

« Puissante fée des pissenlits,
En ce jour, j'ai besoin de ton appui,
Viens à moi en amie,
Qu'il en soit ainsi ! »

Préparez alors avec soin votre tisane en suivant les instructions sur la boîte ou en laissant infuser vos feuilles fraîches 15 minutes dans de l'eau bouillante. Selon votre envie, vous y ajouterez un peu de jus de citron et du miel.

Vous pouvez aussi choisir de réaliser une bonne salade de pissenlits.

Installez-vous dans un coin tranquille.

Posez votre préparation et la bougie allumée à côté.

Prenez un instant pour vous recueillir puis buvez une gorgée de tisane ou mangez un peu de salade.

Fixez la flamme qui danse et, petit à petit, laissez remonter toute votre colère intérieure.

Reprenez une gorgée et maintenant notez tout ce qui vous vient à l'esprit, ne vous censurez pas, ne vous jugez pas, laissez tout sortir !

En même temps, consommez petit à petit votre préparation.

Lorsque vous sentez que tout est sorti, sans rien relire, passez votre papier sur la bougie, laissez-le se consumer dans le récipient résistant au feu et récitez en même temps :

« Fée dent-de-lion,
Écoute ma colère,
Apaise-la ou libère-la,
Qu'il ne reste d'elle
Que pouvoir et justesse.
Je te remercie, fée dent-de-lion ! »

Si le cœur vous en dit, vous pouvez maintenant pousser un grand rugissement.

Date : ______

Objet de ma colère : ______

Remarque sur le rituel : ______

Ai-je eu besoin de refaire le rituel plusieurs fois ? ______

Comment ma colère s'est-elle transformée ? ______

Date :

Objet de ma colère :

Remarque sur le rituel :

Ai-je eu besoin de refaire le rituel plusieurs fois ?

Comment ma colère s'est-elle transformée ?

Coloriage **féerique** :
à vos crayons !

Les GARDIENNES du FOYER

« Prends soin de ton petit nid pour qu'il soit toujours un lieu de ressourcement. »

Les Gardiennes du foyer, *Le Petit Oracle des fées.*

La plupart du temps, nous ne remarquons pas consciemment les Gardiennes des foyers. Nous nous sentons « juste » bien dans une maison ou un appartement.

Elles sont parfois déjà présentes lorsque nous emménageons et elles décident alors de rester ou non.

Nous pouvons aussi les inviter, et, comme ce sont des fées au grand cœur, elles s'installent rapidement et efficacement dans leur nouveau logis.

CÉRÉMONIE D'INVITATION

Les Gardiennes du foyer sont très en lien avec les fées de la nature et vous pouvez leur réserver un petit coin sur l'autel que vous avez confectionné pour ces dernières.

Nul besoin de faire compliqué, vous pouvez ajouter, par exemple, un tout petit morceau de tissu, un bouton et une aiguille dans une coquille de noix.

Si vous n'avez pas d'autel dédié aux fées, je vous invite à en composer un pour la cérémonie en collectant des petits objets liés à la maison, à son entretien, et à les déposer dans une assiette autour d'une bougie.

Voici quelques idées : un minuscule morceau d'un ancien habit ou drap, un bouton, une aiguille ou une épingle à nourrice, une pomme de pin, un marron, une petite tasse de dînette ou une tasse à café avec un morceau de pain ou de gâteau, une goutte de confiture ou d'alcool de plante fait maison… Pensez à ce qui fait qu'un chez-soi est accueillant et soyez créatif !

Ensuite, vous allez composer votre prière d'invitation.

Elle doit vous ressembler et être aussi simple ou compliquée que vous.

Deux règles pour la composer : elle doit contenir leur nom « fées du foyer » et, bien sûr, une invitation chez vous.

La plus simple est « Je vous invite chez moi, fées du foyer », mais prendre le temps de broder autour de ces mots participe aussi à l'invitation.

Ensuite, installez-vous devant votre autel, au calme. Le mieux est d'être seul et d'avoir coupé votre téléphone pour ne pas être dérangé.

Allumez la bougie, regardez la flamme et les objets de votre autel ou fermez les yeux et récitez votre prière lentement en y mettant tout votre cœur.

Voilà, l'intention est lancée, vous n'avez plus qu'à attendre !

Ne défaites pas tout de suite votre petit autel provisoire, laissez le temps aux fées de s'installer.

Notez bien la date du rituel et soyez à l'affût des indices de leur présence. Souvenez-vous que ce sont des fées et que ces indices peuvent aussi être de gentilles farces comme la disparition d'un objet ou l'installation d'une araignée amie dans votre chambre (ne la chassez pas tout de suite, attendez quelques jours avant de la mettre dehors).

Date du rituel : ______

Description de ma cérémonie : ______

Ma prière d'invitation : ______

Quels sont les indices de la présence des fées ? ______

Coloriage **féerique** :
à vos crayons !

RITUEL de GRATITUDE

Des êtres pleins de bonté et de joie vous ont apporté leur soutien et il est juste qu'ils en soient régulièrement remerciés.

Vous verrez que cela vous fera aussi du bien. Vous vous souviendrez que vous n'êtes jamais seul, et cela vous donnera de l'énergie pour apporter de bonnes vibrations dans votre lieu de vie.

Régulièrement, vous pouvez penser « Merci, Gardiennes du foyer » ou l'énoncer à haute voix, tout simplement, sans faire de rituel particulier.

C'est aussi très agréable de prendre un moment pour se connecter plus longtemps à ces fidèles et généreuses amies.

Ce rituel est composé de deux parties que vous pouvez faire à la suite ou que vous pouvez choisir de réaliser en deux temps.

Première partie

Je vous conseille, à nouveau, de confectionner un petit autel dans une assiette. Pensez à y ajouter une bougie et une petite offrande comme un peu de confiture ou du miel.

Asseyez-vous près de l'autel avec un crayon et votre cahier, allumez la bougie et listez ce que la présence des Gardiennes du foyer vous apporte.

Souvent, les premières choses qui viennent à l'esprit sont liées aux émotions. Il peut s'agir de joie, de paix de l'esprit, de sécurité, mais essayez d'aller encore plus loin, voyez en quoi elles vous inspirent, vous transforment, vous aident à vous reposer ou à vous mettre en mouvement.

Une fois que vous avez terminé, remerciez simplement, avec vos mots.

Soufflez la bougie et conservez ce petit autel en place pour la seconde partie du rituel.

Liste de ce que les Gardiennes du foyer m'apportent :

- ______________________________
- ______________________________
- ______________________________
- ______________________________
- ______________________________

Seconde partie

C'est une pratique simple et très agréable que je vous propose : un moment de recueillement créatif.

Toutes les fées adorent l'art, les couleurs, les mélodies, cela les rend heureuses : quoi de mieux pour les remercier !

Allumez la bougie de votre petit autel et effectuez un dessin ou un coloriage en leur honneur. Vous en trouverez un spécialement conçu à cet effet page suivante, mais vous pouvez en choisir un tout autre qui vous inspire.

Ce qui est important, c'est l'intention que vous y mettrez, c'est cela qui fera d'une simple séance de coloriage un moment précieux de gratitude.

Si vous êtes musicien, vous pouvez aussi interpréter un petit morceau.

Alors à vos crayons, à vos instruments !

Coloriage *féerique* :
à vos crayons !

MÉLUSINE

« Aime tout ce qui fait de toi un être particulier. Chaque personne est unique, et c'est ce qui rend le monde si merveilleux. »

Le Petit Oracle des fées.

Mélusine a une place très particulière dans mon cœur.

Son nom date du Moyen Âge, mais c'est une fée bien plus ancienne, qui porte de nombreux messages de sagesse, et je la trouve fascinante !

Mi-femme mi-serpent, on la décrit souvent comme maudite, mais aussi protectrice, bâtisseuse. C'est une fée complexe, pleine de ressources, et c'est ce qui me plaît en elle !

Le bain de Mélusine.

Grâce à Mélusine, nous allons contacter notre partie étrange, qui est aussi celle qui nous relie au merveilleux, et, pour cela, je vous invite à prendre un bain !

En effet, c'est lorsque Mélusine se baigne qu'elle se transforme en dragon ou en femme-serpent. Nous allons donc faire comme elle et voir quel type de créature magique nous sommes.

Vous aurez besoin pour cela :

- De réserver une bonne demi-heure pour le rituel, le mieux est de choisir un soir de pleine lune…
- Si vous avez une baignoire, c'est parfait, mais vous pouvez aussi utiliser une bassine suffisamment grande pour faire un bain de pieds.
- De gros sel de mer.
- De quelques feuilles fraîches de lierre grimpant.
- D'une petite bougie.
- D'une feuille de brouillon et d'un crayon à papier (qui ne bave pas si la feuille est un peu mouillée).

Rituel

Faites couler votre bain ou remplissez votre bassine d'eau chaude.

Ajoutez un peu de gros sel, les feuilles de lierre et allumez la bougie.

Plongez-vous dans l'eau, calmez votre respiration et détendez-vous puis récitez l'incantation suivante :

« Mélusine, belle et puissante dame,
Venez à moi et révélez le merveilleux,
L'étrange et le bizarre,
Qui fait de moi un être unique et précieux. »

Fermez les yeux et visualisez que Mélusine se joint à vous, sentez sa présence rassurante et remarquez les sensations, les pensées, les images qui vous viennent à l'esprit. Comment votre corps réagit-il ? Notez aussi tous les événements insignifiants ou étonnants qui auront lieu : un bruit bizarre, un objet qui tombe, une démangeaison…

Inscrivez-les sur votre brouillon puis posez-vous la question : quelle est ma partie étrange, merveilleuse et magique ?

Ne filtrez rien, notez tout ce qui vous vient en vrac.

Restez centré sur cette question au moins 10 minutes, c'est souvent le minimum pour que le cerveau lâche prise et se mette en mode intuitif.

Ensuite, remerciez Mélusine puis, lorsque vous vous sentez prêt, soufflez votre bougie, sortez de l'eau et séchez-vous lentement, avec application, comme si ce moment d'essuyage était sacré.

Vous pourrez ensuite reprendre vos notes et les recopier au propre sur ce cahier.

Ma rencontre avec Mélusine

ÉPILOGUE

Par ces activités, j'espère avoir transmis un peu de mon amour pour le peuple féerique ainsi que des clés pour que vous puissiez vous connecter à lui.

Il est là, il n'attend que votre présence et vos sens ouverts à sa réalité pour vous apporter des trésors de beauté, de joie et de merveilleux.

Nous avons plutôt visité le petit peuple, mais le monde de la féerie est vaste, et vous pouvez aussi trouver de l'inspiration et du soutien auprès de bien d'autres personnages et créatures légendaires. Ne vous limitez pas, voyez grand, au-delà du mental concret, et osez continuer le voyage dans ce monde plein de mystères.

REMERCIEMENTS

Toute ma gratitude à Frédéric Trédaniel pour sa confiance et pour m'avoir donné l'opportunité de créer ce cahier si spécial pour moi.

Je remercie aussi mon amie, ma petite sœur de cœur Célia, pour sa capacité à donner vie à mes mots avec tant de talent.

Parce que je les aime, que, par leur présence discrète et pleine d'humour, ils m'apportent de la joie, du bonheur et de la force lorsque j'en manque, je remercie mes incroyables fils et mon compagnon de route si précieux.

Merci aussi à mes parents et à mes sœurs.

Enfin, qui serais-je sans vous mes bonnes fées qui veillent sur moi, l'enfant terrible, depuis tant d'années !

Claire